Hans Weitenfelder, Julius Feifalik

Lobspruch der Weiber und Heirats Abrede zu Wien

Hans Weitenfelder, Julius Feifalik

Lobspruch der Weiber und Heirats Abrede zu Wien

ISBN/EAN: 9783743465268

Hergestellt in Europa, USA, Kanada, Australien, Japan

Cover: Foto ©ninafisch / pixelio.de

Weitere Bücher finden Sie auf **www.hansebooks.com**

HANS WEITENFELDERS

LOBSPRUCH DER WEIBER UND HEIRATS

ABREDE ZU WIEN

HERAUSGEGEBEN

VON

FRANZ HAYDINGER

MIT EINER EINLEITUNG UND ANMERKUNGEN VON JULIUS FEIFALIK

WIEN MDCCCLXI

Der Herausgeber hofft sich den Dank der Freunde vaterländischer Sittengeschichte zu erwerben, indem er durch den Wiederabdruck des nachstehenden selten gewordenen 'Lobspruches' denselben allgemeiner zugänglich macht. Dieser Widerabdruck wird sich wol rechtfertigen laßen, wäre es auch nur durch die Schilderung der Lebensweise und der Gebräuche reicher und verwöhnter Bürger 'In der Hauptstatt in Osterreich, Da man nit bald findt jhres gleich' während des 16ten Jahrhunderts, wie man sie in diesem Lobspruche, von seiner satyrischen Tendenz abgesehen, so getreulich abgespiegelt findet. Der Dichter beginnt nämlich mit der Erzählung wie er zu Wien zu der Heiratsabrede zwischen zweien Personen gekommen sei, welcher er beigewohnt zu haben vorgibt, während er am Schluße (Z. 393 f.) nur nach dem Berichte eines anderen seinen 'Reim' gedichtet haben will. Nach den vorläufigen Bestimmungen dieser Abrede über Morgengabe und andere Vermögensverhältnisse richtet der 'Redner', ein Herr Alexander, eine Ansprache an den glücklichen Bräutigam, in welcher er ihm seine ernsten Verpflichtungen gegen die Erwählte seines Herzens in eindringlichster Weise vorhält: und hier bieten sich uns reichliche Züge für Erkenntnis des behäbigen, fast üppigen Lebens jener Zeiten in den vermöglicheren Classen, Züge, welche überall

1 *

den Stempel der Wirklichkeit, aus welcher sie geholt
sind, an sich tragen. Bankette, Lustfahrten, Spaziergänge,
Badereisen, Unterhaltungen aller Art sollen den Müßig-
gang erträglich machen. Der Mann spielt dabei eben
nicht die beneidenswerteste Rolle: ihm fällt das erbau-
liche Geschäft anheim, für das Amüsement und das Wol-
leben seiner Frau in unbedingtester Weise zu sorgen,
ihr jeden Wunsch an den Augen abzusehen, ihre Fehler
in dem günstigsten Lichte zu betrachten, und sie, wenn
es sich nicht mehr anders thun läßt, zu bedienen; er ist mit
einem Worte, wie ihn der Dichter nennt, ein — Siman.
Simon, Simä˜, oder in der Verkleinerungsform Simanl,
Simandl, bezeichnet nämlich im bairisch-österreichischen
Dialecte den von seinem Weibe abhängigen und unter
dessen mehr oder minder sanftmütigem Regimente stehen-
den Ehemann, wol auch seine Gemahlin selbst '); bei der
Wahl dieses Namens für jene Bezeichnung mag der Anklang an Sie-mann, mundartlich gleichfalls Simä˜ aus-
gesprochen, mitgewirkt haben ²). Das Leiden nun eines
solchen Unglücklichen, die Verpflichtungen, die er seinem
Weibe gegenüber hat, um sie bei guter Laune und Schön-
heit zu erhalten, sind der Gegenstand, welchen uns der
Pritschenmeister Hans Weitenfelder in seinem Lobspruche abschildert. Und indem er diese Verpflichtun-

---

') Mann und Weib in diesem Verhältnisse stellen 'Sanct Simon
und Erwei' (Sie-mann und Er-weib) dar. Vgl. Schm. 3, 182.
²) Schm. a. a. O. Doch findet sich dieses Wortspiel auch noch
in anderen als oberdeutschen Gegenden, namentlich in Niedersachsen:
Johannes Olorinus Variscus (Joh. Sommer) in seiner Ethographiae
Mundi Pars Secunda, Malus Mulier, Das ist Gründtliche Beschreibung
Von der Regimentssucht der bösen Weiber u. s. w., Magdeburg bey
Joh. Francken 1612, führt zwei Männer, beide von hersch- und zank-
süchtigen Ehegenoßinnen geplagt, im Gespräche über böse Weiber
ein; der eine davon heißt Andreas, der zweite schwerer bedrückte
trägt den trostlos verhängnisvollen Namen Simon.

gen als etwas so ganz natürliches, so ganz selbstver-
ständliches hinstellt, worüber noch ein Wort zu verlie-
ren nicht der Mühe lohnte, an dessen Berechtigung zu
zweifeln fast Sünde wäre, bietet er uns eine feine Satyre
auf jenen schwächlichen Menschenschlag, welcher man
einigen Reiz auch in dieser Hinsicht nicht wird absspre-
chen können. Den Schauplatz seines Gedichtes verlegt
Weitenfelder nach Wien, in jene ehrwürdige Stadt,
welche ja die berühmte Speckseite am Rotenthurmthore
besaß, mit der Aufschrift:

> Befindt sich irgend hier ein Mann,
> Der mit der Warheit sprechen kann,
> Daß ihm sein Heyrath nicht gerauen,
> Und fürcht sich nicht vor seiner Frauen,
> Der mag diesen Backen herunter hauen [3]),

ohne daß sich jemand gefunden hätte, um diesen Preis
zu gewinnen; denn der einzige, welcher das Wagestück
unternehmen wollte, ließ bekanntlich im Augenblicke
der Ausführung selbst davon ab, weil er sich noch zu
rechter Stunde entsann, daß er seine neuen Festkleider,
welche er zu dieser denkwürdigen Feierlichkeit angelegt
hatte, beschmutzen und deshalb zu Hause von seinem
Weibe ausgescholten werden könnte. So blieb die lockende
Speckseite Jahrhunderte lang an ihrer Stelle und selbst
der gute ehrenwerte alte Schmeltzl verzichtet auf ihren
Gewinn:

> In dem Wolff Haller auch her trat,
> Mautner Künigklicher Mayestat,
> Fieng an zů reden vnd zů lachen,
> Sprach: 'hie oben secht jr ein pachen
> Unter dem Rotenthurn hangen;
> Derhalben ist es angefangen,
> Ob jemandt hie zeücht ein vnd auß,
> Sein weyb nit fürcht, sey herr im hauß,

---

[3]) P. L. Berckenmeyer, Vermehrter Curieuser Antiqvarius, Ham-
burg 1720, S. 465 f.

Der mag den pachen herab nemen:
Ist aber bisher kainer khemen,
Hangt etlich hundert jar her.'
Ich sprach: 'nain, nain, er ist mir zschwer!
Ehe ich mein weib erzürnen wolt,
Ich lieff ehe weiter dan ich solt;
Ein küfflein saltz ich lieber zal,
Damit man wider spreng ein mal!' [4]).

Weitenfelder wählte also, wie man hieraus wird abnehmen können, einen ganz volksthümlichen und voraussichtlich gerade in seiner Heimat ansprechenden Stoff und man kann nicht läugnen, daß er ihn mit ziemlichem Geschicke und lebhafter Bewegung ausführte, so daß er auf den Beifall seiner Zeitgenoßen rechnen durfte. Wie beliebt das Gedicht bald muß geworden sein und wie es selbst weit über die Grenzen jenes Landstriches, auf welchen es zunächst berechnet war, dem Zeitgeschmacke zusagte, beweist der merkwürdige Umstand, daß es kurz nach seinem Erscheinen von irgend einem Unbekannten ins Niederdeutsche übersetzt ward. Der Titel dieser niederdeutschen Übertragung lautet: 'Ein schöner loffspröke vnd Eehandels affrede tho Wien vnd im lande tho Osterrik, vnder der Enns gebrücklick, wo men dar de frawen de tydt eres leuendes halden, vnd se tracteren schal, op dat se lange schön bliuen, vnd eren mennen nicht affgünstich, vnd deste eer rike werden. Dorch Hansen Weyttenfelder, Seiler vnd Britzschenmeister in Osterrick, wanhafftich tho Wolckersdörff, mit sunderlikem flite rymwys gestellet vnd erstlich dar gedrücket vnd vthegegaen. 1576'; das Ganze hat acht Blätter in Octav [5]). Leider können wir über diese Bearbeitung näheres

---

[4]) Ein Lobspruch der Hochlöblichen weitberümbten Khünigklichen Stat Wien in Osterreich . . . durch Wolffgang Schmeltzl, Schulmaister zun Schotten, vnd Burger daselbst im 1548 Jar. (Wien, Kuppitsch, 1849), Zeile 275—290.

[5]) Goedeke, Grundriß zur Geschichte der deutschen Dichtung S 294, §. 144, 26.

nicht beibringen, vermuten aber daß dieselbe ziemlich
getreu das Original widergeben wird.

Unser Dichter, welcher mit seinem Gegenstande,
wie man sieht, einen wunden Punct seines Zeitalters
geschickt getroffen zu haben scheint, beginnt auf diese
Weise für unser Land den Reigen einer eigenthümlichen
Literatur, welche sich der Literaturgeschichte im stren-
geren Sinne eigentlich entzieht und in das Gebiet der
Curiositäten schlägt, wir meinen die Simanliteratur. Nicht
als wollten wir unserem Freunde hier den Ruhm zu-
sprechen, zuerst von der erbarmungswürdigen Lage seines Helden gesungen zu haben: er wird vielmehr dabei
allerhand volksmäßige Schwänke und Überlieferungen
benutzt haben, wie denn List und Trug der Weiber und
ihre Herschsucht und Bosheit von altersher ein belieb-
ter, vielbehandelter Gegenstand der Dichtung und auch
des Volksliedes waren. Eben so wenig behaupten wir,
daß Weitenfelder etwa der Erfinder des Namens Siman
gewesen wäre, oder daß er ihn auch nur zuerst in die
Literatur eingeführt hätte: auch dieser Volkswitz mag
schon aus viel älterer Zeit stammen und wir finden den
'Meister Sieman' bereits in alle seine Rechte eingesetzt
in dem 'Haußteuffel, das ist, Der Meister SIEmann,
Wie die bösen Weiber jre fromme Männer, vnd wie die
bösen leichtfertigen Buben jre frome Weiber plagē,
Sampt einer vermanung auß heiliger Schrifft vn schönen
Historien, wie sich frome Eheleut gegen einander verhalten sollen, nützlich vnd lustig zu lesen. Beschrieben
durch Adamum Schubart (Holzschnitt). Getruckt zu
Franckfurt am Mayn, 1568.'[6]). A. Schubart erzählt in

---

[6]) Am Ende steht: Gedruckt zu Franckfurt am Mayn, bey
Martin Lechler, In verlegung Simon Hüters, Im jar nach Christi
vnsers Herrn vnd Seligmachers geburt, M. D. LXVIII. 8. A 1—F 8.
Goedeke a. a. O. S. 380, §. 161, II, 16 führt von diesem verbreiteten
Werke noch folgende Ausgaben an: Weißenfels o. J.; Frankfurt 1565
und 1569, alle in Octavo.

diesem Werke, welches an ermüdender Breite leidet
und dem es an jener frischen unmittelbaren Lebhaftig-
keit und Schalkhaftigkeit gebricht, welche uns bei Weitenfelder anzieht, wie er eines Tages in tiefem Kummer
über die bösen Zeitläufte spazieren geht und ihm ein
'ernster Mann' begegnet, der, befragt, ihm neue Mähre
verkündet von genug trauriger Natur:

> Er sagt: sie sind ja nicht fast gut,
>   Es wirdt doch kosten leib vnd blut:
> Der gewaltig Tyraun Sieman
>   Greiffet vnser Landt jetzt an.
> Kompt her gezogn mit heeres krafft,
>   Wil beweisen sein Ritterschafft;
> Alle Länder wil er zwingen,
>   Alle Männer dahin dringen,
> Das sie müssen am aller meisten
>   Ihren Weibern gehorsam leisten.

Der Ernste berichtet dann, daß der Sieman bereits
überall hersche, bei Bauern, Bürgern, Herren und sogar
in der Behausung der Pfarrer. Wie der Dichter nun nach
seiner Wohnung kommt, trifft er den Sieman in seiner
Stube, der auch ihn unterwerfen will, nach wiederhol-
tem hartem Kampfe aber besiegt und endgiltig durch
den 'streitbar Heldt' mit Hilfe einiger braver Lands-
knechte erschlagen wird. Der zweite Abschnitt enthält
'Ein vermanung auß Heiliger Schrifft, Wie sich Eheleuth
gegen einander verhalten sollen' und eifert gegen böse
Weiber und böse Männer, an welche beide auch am
Schluße eine doppelte Ermahnung beigefügt ist. Man
wird bemerkt haben, Schubarts Sieman ist nicht wie
bei Weitenfelder der bedrückte Gemahl, sondern eine
Personification des regimentssüchtigen Weibes[7]), welches

[7]) In dieser Bedeutung steht das Wort auch in Avent. Gramm.:
'Uxorem quare locupletem ducere nolim, quaeritis, uxori nubere nolo
mene. Ich wil kain Symon haben'; vgl. Schm. 3, 182. Und in

uns in hinlänglich grausiger Gestalt und geübt in allerlei unangenehmen Handgriffen vorgeführt wird.

Hat nun Weitenfelder seinen gelehrten Vorgänger — denn A. Schubart behandelt seinen Gegenstand ganz als Gelehrter, und als pedantischer Gelehrter überdieß —, so hält doch er selbst sich in ganz volksgemäßem Tone und es scheint als wäre seine Arbeit auf die dunkle, für die niedern und niedersten Volksschichten bestimmte Literatur in Österreich, wenn man in dieser Richtung überhaupt noch von Literatur sprechen darf, nicht ganz ohne Einfluß geblieben. Wenigstens scheint ein Zusammenhang zwischen seinem Werke und einigen jener unliterarischen Productionen, welche sich gelehrter Betrachtung für gewöhnlich nicht darbieten, obzuwalten, ein Zusammenhang, den wir hier wol anzudeuten, aber freilich nicht bestimmter fest zu stellen und außer allen Zweifel zu setzen vermögen.

So liegt uns in einem fliegenden Blatte aus dem vorigen Jahrhundert einer jener gedruckten Heiratsbriefe vor, deren Bestimmung gewesen zu sein scheint, Verlobten und Neuvermählten zugeschickt zu werden, wie das Volk sich ja auch noch heut zu Tage gedruckter und gereimter, in ihrer ursprünglichen Faßung oft viel früheren Jahrhunderten angehöriger Liebesbriefe zur Mittheilung seiner Gefühle an die Auserkorene bedient. Unser Blatt ist in Folio, auf der Rückseite steht in der

---

eiuem Spruche bei Joh. Olorinus Variscus, Ethographiae Mundi Pars Secunda, S. 81 heißt es:

Bösen Weibern ist nichts zuvergleichen,
Den Sieman kan man nicht vertreiben,
Er wil doch Herr im Hause bleiben.

Vgl. auch DMA. 3, 357. In der Bedeutung eines abhängigen Ehemannes finden wir das Wort u. a. in einem Schwanke in der Neu vermehrten und augirten Anmuthigen Lustigen Gesellschaft . . . von Johanne Petro de Memel, Zippelzerbst 1695, S. 454.

Mitte 'Heuraths- | brief. | Nr. 107', zu beiden Seiten
davon Verse und zwar links:

> Kurzweilig zu lachen,
> Neu gebachen,
> Frisch gesotten,
> Vexiren unverboten,
> Fein gebratner,
> Wohlgerathner,
> Schön, zierlich,
> Und ausführlich,
> Mit seltsamen Schwencken und Possen,
> Vermög der Heurathsabred beschlossen,

und rechts:

> Nach Landbräuchiger Fastnacht gemacht,
> Was eins dem andern hat zugebracht,
> Damit keiner verhindert werd,
> Kauf jeder ein, ganz unbeschwert,
> Und stell einer dem andern eines zu,
> Auf daß er lebt in guter Ruh.

Schon hier läßt sich einige Ähnlichkeit mit dem Ein-
gange von Weitenfelders Lobspruch nicht übersehen.
Das Innere nun, obwol wie Prosa gedruckt, doch in
Reimen gefaßt, enthält eine Heiratsabrede mit Aufzählung dessen was zuerst das Weib dem Manne, dann
dieser seinem Weibe zubringen soll; das ganze ist eine
rohe ziemlich unsaubere Satyre auf ärmliche Haushal-
tungen und durchaus nicht zur Mittheilung geeignet.
Das Stück selbst beginnt mit den Worten: 'Ich Franz
Narr Hundsbacher, Katzenfänger, von Weitemfeld, ohn
baar Geld, gebürtig in Lerchenfelder Pfarr, meines Hand-
werks ein Stocknarr, thue zu wissen insgemein allen
Narren groß und klein: die den Brief lesen, oder lesen
hören und hierinnen benennet werden, auch alle Blinden
die den Brief anschauen, es seye Mann oder Frauen,' u. s. w.
Auffallen muß vor allem daß der redend eingeführte
Aussteller des Briefes sich von Weitemfeld nennt,
ein Anklang an den Namen unseres Dichters, welcher

noch verstärkt würde, wenn man statt Franz Narr
correcter und mehr im Sinne des Volkes Hans Narr
lesen dürfte, obwol wir zugeben müßen, daß dieser Anklang möglicher Weise auch ganz zufällig sein kann [8]).
Der Druck stammt, wie bemerkt, aus dem 18ten Jahrhundert, der Text muß aber in weit ältere Zeit hinauf gehen;
nicht nur ist die Einkleidung des Briefes, wie man aus
dem mitgetheilten abnehmen wird, eine Parodie auf die
Form älterer Urkunden, welche im vorigen Jahrhundert
nicht mehr geläufig war und mindestens ihres Zweckes
verfehlt hätte, sondern es finden sich auch alterthüm-
liche Reime darin, wie hören: weren (werden), begâb
(conj. praet.): glaub (glâb) und ähnliche, und die Namen
der unterzeichneten Zeugen sind ganz im Geiste älterer
Zeit erfunden [9]), so daß wir vielleicht nicht zu weit irre
gehen, wenn wir das ganze Stück dem 17ten oder lieber
dem 16ten Jahrhunderte zueignen. Auf den Namen von
Weitemfeld haben wir oben aufmerksam gemacht;
noch auffallender scheinen uns einzelne Anmahnungen
im Texte an Weitenfelders Lobspruch, wie z. B. 'bringen also zusammen ein Heurathsgut in einer Summ
nichts um und um 600 Säckel voll Armuth', was an
Z. 34 und 35 des Lobspruchs anklingt, wie sich denn
auch Worte, welche unser Dichter liebt, wie richt,
richtel, in dem Heiratsbriefe widerholt (ein Richt
guter Lâuß, von Holzäpfel die rechte Richt) nachweisen
laßen. Es scheint uns also irgend eine Verbindung

---

[8]) So wollen wir denn nicht verschweigen, daß der Mann in
dem Heirathsbriefe von seinem Hause sagt 'liegt in Schuarafenland,
an einem unsichtbaren Ort zu Weitenfeld.'

[9]) 'Grundel Spitzmaul, Nickl Hundsfaul, Hackl Leernkrug,
Fläxl Mistkrug, Eitel Bigenzang, Veitel Leschenbrand, Lenzel Schleck-
negel, Peter Nagenkegel, Rüpel Schmeckbrätl, Lienhartl Unflâtel';
der Schluß lautet: 'Geschehen wers glauben mag, an dem unheiligen
Faßnachttag des laufenden Monats in der Narredey, ein Kappen und
auch ein Schellen darbey.'

dieser Heiratsabrede mit dem Lobspruche nicht abzuläug-
nen, wenn man es nicht vorzieht, den Heiratsbrief
selbst gleichfalls für ein Werk Weitenfelders zu erklären, das seines geringen Umfanges und seines ungebil-
detem Geschmacke zusagenden Inhaltes wegen sich im
Volke, wenn auch vielleicht mehrfach umgestaltet, erhalten hätte.

Ähnliche aber noch dunklere Bewantnis muß es
auch mit einem andern fliegenden Blatte gleichfalls in
Folio haben, welches wir benützen können. Es ist bloß
auf einer Seite bedruckt und führt die Überschrift 'Der
Frauen und Weiber Privilegium'; der Eingang lautet:
'WIr Frauen und Weiber thun kund allen und jeden
Männern und Manns-Personen, auch was Standes und
Kondition sie seynd, thuen nochmalen kund und gewal-
tig zu wissen, wegen unsers konfirmirten Privilegii und
herrlichen Testimonii, auch was für Freyheiten wir be-
kommen haben, daran wir uns halten, wie dieses Testi-
monium mit Punkten also lautet.' Es folgt dann die
Urkunde selbst, welche die Rechte der Weiber ihren
geduldigen Männern gegenüber in siebenzehn Puncten
aufzählt; der Aussteller der Urkunde nennt sich 'Wir
Fröminarius, Oberster Guvernator und Schutz-Herr der
Weiber, Hauptmann von Kopf bis zum Füßen, Freyherr
im weiten Felde, Herr zu Plauderburg und Schnader-
mark.' Wieder begegnen wir hier dem rätselhaften Herrn
vom weiten Felde [10]) und wieder auch gemahnen einzelne Paragraphe der Urkunde unläugbar an Weitenfelders Lobspruch. Wir wollen nur zwei Beispiele anführen. In dem 'Privilegium' heißt es: 'Zum 7 soll er
auch willig und bereit seyn, nach seinem Belieben das
Hemde auf beiden Seiten zu wärmen, und darnach soll

---

[10]) Daß der Name unseres Pritschenmeisters, Weitenfelder,
selbst ein angenommener wäre, daran ist nicht zu denken.

er ihr es anziehen und fein aus dem Bette heben, damit
sie nicht einen bösen Tritt thue oder gar aus dem Bette
falle,' womit man Z. 71 ff. 283 ff., und weiter: '9 soll
er auch mit allen Fleiß dahin trachten, daß er zu der
Zeit (des Frühstücks) eine Weinsuppe fertig habe, auch
darneben einen guten Trunk spanischen oder rheinischen
(Misverständnis aus Rainfal?) Wein bey der Hand haben,
damit wo ihr etwa eine Lust ankäme und er nicht möchte,
sie mit einem solchen Frühstücklein erquicken könnte,'
wozu man Z. 89 ff. unseres Lobspruches vergleiche. Die
Sprache dieses 'Privilegiums' gehört zwar dem 18ten Jahrhundert an, was sich aber, selbst wenn es aus älterer
Zeit stammte, erklären ließe, weil Prosa leichter sich
späterem Gebrauche angleicht, als Vers und Reim. Gewiss scheint uns, daß es wenigstens aus ähnlichen
schwankhaften Volksüberlieferungen hervor gieng, wie
deren Weitenfelder benutzt haben muß.

Dieses letztere Schriftstück führt uns auf den Siman
zurück, welcher bei uns sichtlich auch im verfloßenen
Jahrhunderte nicht ausgestorben war. Um die Mitte
oder in der zweiten Hälfte desselben etwa bildeten sich
vielmehr in Wien, namentlich in den Vorstädten, sogenannte Simandlbruderschaften [1]): es waren Gesellschaften heiterer Männer, welche in der Regel am we-
nigsten an dem Gebrechen litten, welches sie verspot-
teten. Alljährlich am Tage Simonis, des einzig würdi-
gen Schutzheiligen der Bruderschaft, vereinigten sie sich
zu einem großen Feste, bei welchem zur Bestreitung der
Kosten in die Lade 'aufgelegt' ward, sammt ihren Frauen,
denen sie für diesen Tag alle jene Vorrechte einzuräumen
beliebten, welche sie sonst für sich behielten. In fröhlichen
und politisch höchst ungefährlichen Versammlungen, wie sie

---

[1]) Wie wir hören, sollen dergleichen noch heutiges Tages in
der einen oder der andern Vorstadt fortvegetieren.

nur die 'gute alte Zeit' kannte, erforschte man die Geheimnisse des Familienlebens seiner Nachbarn mit zudringlichster Neugier: es durfte irgend ein Ehemann nur zu dem leisesten Zweifel Grund bieten, daß sich in seinem Hause das Regiment nicht vollständig in den legitimen Händen befinde, und er konnte auch gewiss sein mit einem Diplome beehrt zu werden, in welchem er zu einem der verschiedenen Grade der Bruderschaft promoviert ward [12]). Dieses Diplom, der sogenannte 'Simandlbrief,' von 'Obermeister, Vorsteher und Senioren der uralten, weltberühmten und hochansehnlichen Simandl-Bruderschaft' erlaßen, hob die Verdienste des Neuaufgenommenen hervor, welchen er seine Erhebung zu danken hatte und erinnerte ihn kurz an die Pflichten seines Ordens; daran war ein Siegel gedrückt, einen Mann in einem Käfich darstellend. Manchmal fügte man besondere Statuten bei, in welchen auf mancherlei übertriebene Weise die Schuldigkeiten des Mannes seinem Weibe gegenüber variiert wurden [13]). Angeblicher Ausstellungsort dieser Urkunden war Krems und Ausstellungstag der Kremser Simonismarkt, wie man denn überhaupt Krems als Centralsitz jener Bruderschaft fingierte; vermutlich deshalb, weil den Bewohnern jener Stadt aus Gründen welche näher zu erforschen uns nicht

---

[12]) Ähnlich verhielt es sich mit einer anderen verwanten Verbindung, der 'Blasibruderschaft,' welche zu Anfang des vorigen Jahrhundertes in Wien bestand; es scheint eine Art Narrengesellschaft gegen allerhand Albernheiten gerichtet gewesen zu sein, welche sich gleichfalls durch Verschicken von gedruckten Bildern und Versen bemerklich machte; vgl. Kaltenbäcks Vaterländische Denkwürdigkeiten im Kalender Austria 1845, S. 8 f., Curiositäten- und Memorabilien-Lexikon von Wien. Von Realis, herausg. von A. Köhler. Wien 1846, Bd. 1 S. 224 f.

[13]) Es liegen mehre solche Acten aus dem vorigen und aus dem laufenden Jahrhunderte vor uns, als Simanbriefe, Statuten und auch ein 'Auflagsschein' über Entrichtung des 'Jahr-Schillings.'

gelang, wenn nicht der Makel so doch das lästige Vorur-
theil einer gewissen Borniertheit anhaftet; möglich auch,
daß dazu irgend ein vergeßener oder wenigstens uns
unbekannter Volksschwank Grund bot. Noch zu allerhand anderen gedruckten Scherzen, welche bald mit
mehr, bald mit weniger Witz durchgeführt sind, gab
diese Gesellschaft Veranlaßung, wie sich denn ein Mit-
glied derselben auch entschloß, ihre Geschichte zu schrei-
ben, worin er die ehrwürdige Bruderschaft bis zu ihren
ersten Anfängen, ja bis in eine mythisch-sagenhafte Vor-
zeit zurück verfolgte und ihre weitere Entwickelung bis
zu der glänzenden Ausbreitung, welche sie zu seiner
Zeit genoß, zu skizzieren versuchte [14]).

Der Leser mag uns vergeben, wenn wir so lange
bei einem Gegenstande verweilten, welcher nur mehr
für die Geschichte der Sitten und des Geisteszustandes
einer entschwundenen Zeit einigen Wert hat. Es gehörte
diese sonderbare Bruderschaft zu den beneidenswert
harmlosen Spässen des alten Wien und des alten Österreich, welches nun zu Grabe gegangen ist oder zu Grabe
geht; sie gehörte zu den oft unglaublich einfältigen und
abgeschmackten Zeitvertreiben einer früheren Epoche,
welche jetzt hoffentlich für immer abgethan sind, um

---

[14]) Geschichte und Statuten der weltberühmten Simandlbruder-
schaft, sammt einer passenden Rede des Obervorstehers. Herausgegeben auf Befehl des Ausschusses der Gesellschaft zum Nutzen ihrer
lieben Mitbürger. Pantoffelhausen (Wien, 90er Jahre des vorigen
Jahrh.), 8°, 16 Seiten. Eine Simansrede aus der selben Zeit, wie sie
bei den Jahresfesten gehalten zu werden pflegten, aber ohne Salz,
kennen wir unter dem Titel: Glückwunsch allen respektive Herrn
Herrn Simandleu. Mit Ehrfurcht gewidmet von einem privilegirten
Simon in einer allegorischen Rede. Wien, o. Dr. u. J., 8°, 31 Seiten.
Diese uns vorliegenden Schriftstücke hat theilweise schon ein gemein-
schaftlicher Freund von uns zu einigen Feuilletonartikeln in der Wiener
Zeitung 1860, Abendblatt Nr. 196. 198. 199 und 207 benutzt.

würdigeren, wenn auch vielleicht minder zahmen Äuße-
rungen des Volksgeistes Platz zu machen.

Von Hans Weitenfelder, dem Dichter des Lobspruches welchen wir hier mittheilen, und von seinen
Lebensverhältnissen wißen wir leider nicht mehr zu sagen,
als was sich aus seinen Werken und aus deren Titeln von
selbst ergibt. Er übte um 1573 das Seilerhandwerk zu
Wolkersdorf, einem Flecken im Viertel unter dem Mann-
hartsberge in Niederösterreich, wo er ansäßig, möglicher
Weise auch geboren war. In der Welt scheint er mehrfach herumgekommen zu sein: wenigstens spricht er von
seinem Aufenthalte in Wien 1573 und in Linz. Dabei
war er vermählt, sein Weib aber, wie sich aus der me-
lancholischen Klage in Z. 395 und 396 schließen läßt,
zur Zeit der Abfaßung des Gedichtes schon weit davon
entfernt, ihn durch bloß körperliche Reize zu entzücken
oder zu feßeln; übrigens schöpfen wir gerade aus dieser
Stelle zugleich die befriedigende Versicherung, daß seine
häuslichen Verhältnisse den von ihm geschilderten zum
Vortheile seiner Seelenruhe nicht glichen, worin wir
übrigens durch seine in dem sogleich näher zu bespre-
chenden Liede, und namentlich in der 13ten Strophe dar-
gelegten Grundsätze über Behandlung der Weiber be-
stärkt werden. Aus den Schlußzeilen 397 ff. sieht man
daß er noch manche andere 'Reime' verfasst haben muß,
die mit Vorliebe von bösen Weibern handelten und ihm
so den Ruf eines Weiberfeindes zuzogen. Uns ist von
diesen älteren dichterischen Versuchen, wenn wir von
dem oben besprochenen Heiratsbriefe absehen, dessen
Verfaßer wir unentschieden laßen müßen, bloß 'Ein
hüpsch news Liedt, wie man den bösen Weybern vnd
Meyden die Klappersucht vertreibet' zu Gesichte gekommen, welches wir hier gleichfalls abdrucken laßen. Der
Eingang des Liedes ist jenem des 'Lobspruches' ganz
ähnlich und verrät dieser Art eine gewisse Armut an

Erfindungsgabe; im weiteren Verlaufe gibt er höchst
energische, aber seiner Meinung nach unfehlbare Mittel
an, schlimme Weiber, mit welchen man heimgesucht
werden könnte, gründlich zu beßern: der satyrische
Character des Lobspruches tritt durch dieses Lied um
so deutlicher hervor. Auch bei diesem Werke hat der
Dichter ältere Volksschwänke benutzt und er scheint
auch wieder mit dem Liede einen glücklichen Griff ge-
than und vielfache Zustimmung sich erworben zu haben [15]).
Andere Arbeiten Weitenfelders mögen sich vielleicht noch
auf andern deutschen Bibliotheken bergen. Veranlaßung
zu solchen Reimereien gab ihm übrigens seine Stellung
als 'Britschenmaister', welche ihm neben seinem anderen Handwerke zukam, zur Genüge.

Die Pritschenmeister waren nämlich in älteren
Zeiten eine Art Diener an Schießstätten und bei Schützen-
gesellschaften. Ihr Ursprung wird auf die Herolde und
Wappendichter zurückführen, nur daß natürlich der heral-
dische Theil, dessen die Pritschenmeister nicht mehr
kundig waren, entfallen muste. Der Name leitet sich
von dem Zeichen ihrer Würde, der Britsche oder Pritsche [16])
her und sie selbst nehmen an den Schießplätzen gewis-
sermaßen die Stellung eines Ceremonienmeisters ein,
wie sie denn auch hier die Polizeigewalt gegen zudring-
liche Gaffer übten und über Beobachtung der Schieß-

---

[15]) Joh. Olorinus Variscus in seiner schon angeführten Ethographiae Mundi Pars Secunda läßt S 127—131 seinen Andreas dem
bedauernswerten Simon ebenfalls lustige 'Recepte' gegen die Über-
gewalt seines Weibes mittheilen, worin die angeratenen Hilfsmittel
sowol in ihren Benennungen, als namentlich und besonders in ihrer
Aufeinanderfolge so genau mit unserem Liede stimmen, daß man klar
sieht, daß Sommer hier Weitenfeldern benutzt und ausgeschrieben
hat. Faustöpffel misversteht oder liest er falsch: Fausttäfflein.

[16]) Die Britschen, ein Werkzeug zum Schlagen, das breit
und mit klatschendem Laute auffällt; Schm. 1, 272.

ordnung wachten; mit ihren Bezügen waren sie zum
Theile auf die Strafgelder für allerhand Verstöße und
Vergehen bei den Schießübungen angewiesen, indem
sich der Schuldige durch eine Geldsumme von der ihn
sonst treffenden 'Strafe der Pritsche' loskaufen konnte.
Ihr Anzug war das Narrenkleid und dadurch wurden
die improvisierten Spässe harmlos, mit welchen sie sich
über unglückliche Schützen lustig machten, während sie
jene, welche einen guten Schuß thaten, in einem zwei-
oder vierzeiligen Reimspruche feierten [17]). Bei den verschiedenen Festen ihrer Schützengönner und anderer
Honoratioren, bei feierlichen Schießen und Aufzügen

---

[17]) Vgl. Schm. 1, 272 f.; Gräters Bragur 3, 102 ff. Einiger-
maßen ein Bild der Thätigkeit des Pritschenmeisters erhalten wir aus
Joh. Friedr. G. Erdmanns Versuch Zu einer umständlichen Historie vom
öffentlichen Armbrust- und Büchsen-Schiessen . . . Leipzig 1737, wo
er S. 69 ff. ein öffentliches Landschießen zu Dresden unter Kurfürst
Johann Georg von Sachsen schildert: 'Den 5. Februarii kam der
Churfürstliche Sächsische Pritsch-Meister George Färber aus dem
Churfürstl. Sächsischen Schieß-Hause, durch das gemeine Thor in
den Schloß-Hof. Vor ihm giengen zwey Trommel-Schläger und zwey
Pfeiffer in ihrer gewöhnlichen Liberey, der Zieler aber trug ihm die
Artickul zum ablesen nach. Und nachdem er zum andern mahle den
Schloß-Hof umzcgen und sich unten gegen das Churfürstliche Raths-
Gemach gestellet, laß er die Artickel zum bevorstehenden Armbrust-
und Büchsen-Schießen folgenden Inhalts ab.' Nach dem 10ten dieser
Artikel (a. a. O. S. 75) darf zwar jeder Schütze vor dem Schießen
sich versuchen und Bolzen wie Sehnen einschießen, aber nur in die
hergerichtete Versuchwand, nicht in die 'gute Wand,' 'bey Straffe der
Pritsche oder dem Pritsch-Meister 1 Thlr. zu erlegen.' Die nämliche
Strafe trifft nach Artikel 12 (a. a. O. S. 76) diejenigen, welche vor
die Wand oder den Schlag laufen um nach ihren Schüßen zu sehen,
oder gar in die Schreibestube und an den Schreibetisch sich ein-
drängen. Auf einem der Kupfer in der Beschreibung des großen
Schießens, welches 1716 Karl VI zur Feier der Geburt des Erzher-
zogs Leopold den Wienern gab (vgl. Anm. 20), empfangen zwei Pritschenmeister den ankommenden Kaiser, auf einem andern scheint der
Pritschenmeister als Ordner zu fungieren.

und bei ähnlichen Anläßen pflegten sie sich mit dichterischen Gaben einzustellen, deren uns aus verschiedenen
Gegenden Deutschlands noch ziemlich viele erhalten
sind, bei welchen aber gerade der poetische Wert meist
der geringste war, weshalb auch später der Name der
Pritschenmeister, gleich dem der Meistersinger, eine ge-
ringschätzige Nebenbedeutung erhielt, welche ihm in
früheren Zeiten noch nicht anhieng. Über die Organi-
sation der Pritschenmeister bei uns zu Lande, namentlich über den Unterschied zwischen obristem Pritschenmeister in Österreich und Pritschenmeister in Österreich
schlechtweg, so wie über ihr beiderseitiges Verhältnis
zu einander wißen wir leider nichts näheres beizubrin-
gen: wahrscheinlich war der erstere am kaiserlichen
Hofe angestellt, 'Kaiserlicher Majestät Pritschenmaister
und Hofpoet' wie man es auch wol zu nennen pflegte.
Eben so vermögen wir bloß wenige Namen österreichi-
scher Pritschenmeister und diese nur ohne Zusammenhang ' anzuführen. Die einzigen, welche uns bekannt
wurden, sind Heinrich Wire, Wirri oder Wirrich,
ein Schweizer, um 1563 'obrister Britschenmeister in
Schweitz', zwischen 1568—1571 als 'Obrister Pritschenmeister in Oesterreich' vorkommend, von welchem mehre
Reime gedruckt sind [18]); dann unser Hans Weitenfelder

---

[18]) Vgl. Goedeke Grundr. 8. 294, §. 144, 24. Beiläufig sei bemerkt, daß sich in den Stadtrechnungsbüchern von Znaim in Mähren
zum 8. Merz 1572 die Notiz findet: 'Vmb verehrte Abcontrafactur
des Turniers Platz vnd andere Geschichten, so bei gehaltener Hochzeit des Ertzherzogen Kharls beschehen Ihr. Mt. Pritschenmeister entgegen verehrt 1 fl.' Es bezieht sich dieß auf das weniger durch
künstlerische oder poetische Vorzüge als durch seine Seltenheit be-
merkenswerte Werk: 'Ordenliche Beschreibung des . . . Beylags oder
Hochzeit des Erzh. Karls von Oesterreich mit Maria Hertzogin in
Baiern. Durch Heinrichen Wirrich Obrister Pritschenmaister in Osterreich. Wien durch Blasium Eberum in der Lambl Bursch. 1571,' Fol.
(Goedeke a. a. O.; Denis Lesefrüchte, Wien 1797, 1, 55; Kaltenbäcks

um 1573 dichtend; weiter der bekannte B e n e d i c t E d e l -
pöck, welcher 1568 als Trabant in Diensten des Erz-
herzogs Ferdinand von Österreich stund, später 1574
als Pritschenmeister vorkommt, und ein bewegtes und
nicht immer glänzendes Leben geführt zu haben scheint,
indem wir ihn wiederholt, zuletzt 1602, um welche Zeit
er gestorben sein mag, als mit Almosen betheilt erwähnt
finden: von seinen dichterischen Producten kennen wir
neben einer Beschreibnng des ritterlichen Schießens zu
Zwickau noch die in neuerer Zeit veröffentlichte 'Come-
die von der freudenreichen geburt vnsers Ainigen Trost
vnnd Hailandt Jhesu Christi' [19]); endlich ein gewisser
L o v i s L e h l, wie es scheint ein Engländer, welcher
1716 als 'Kayserl. Hofzeitvertreiber und ordinari Brüt-
schenmeister in der Kayserl. Favorita Schießstatt' erwähnt wird [20]), sich aber literarisch nicht scheint beschäf-
tigt zu haben.

Noch bleibt uns ein Wort über die uns vorliegenden Originale und über unser Verfahren bei dieser
Ausgabe zu sagen. Der Druck des Lobspruches, welchen wir benutzen, in Haydingers Besitz, ist in Klein-
octav, besteht aus acht ungezählten Blättern, ohne
Signatur aber mit Custoden, und ist zu Augsburg bei

Öst. Zeitschr. 1837, S. 177 ff.); Wire scheint also dieses Buch als Geschenk herum gesant zu haben.

[19]) Flögel, Gesch. der Hofnarren S. 268; Gervinus, Gesch.
der d. Dichtung, 4. Aufl., 3, 144; Goedeke a. a. O. S. 335, §. 152,
350; Weinhold, Weinachtspiele und Lieder aus Süddeutschland, S.
187 ff., wo S. 193—268 jene Comoedie abgedruckt ist.

[20]) Beschreibung Des Haubt- und Frey-Schiessen, Welches Von
Ihro Kayser- und Königl. Catholischen Majestat Carolo Sexto Wegen
erfreulichster Geburt, Leopoldi ... Der Wiennerischen Burgerschafft
gegeben worden ... Wienn in Oesterreich, gedruckt bey A. Heyinger,
Anno 1716, S. 31.

M. Manger erschienen [21]); das 'Lied', den Schätzen der
k. k. Hofbibliothek entlehnt, ist gleichfalls in kleinem
Octav, enthält vier ungezählte Blätter, mit Signatur und
Custoden, und rührt aus derselben Officin her. Den Text
beider Gedichte haben wir hier unverändert wider-
gegeben und bloß die Interpunction geregelt: in dem
alten Drucke des Lobspruches selbst steht, wie nicht
selten in jener Zeit, immer bloß zu Ende der ersten
Zeile jedes Reimpaares ein Strich, am Ende der zweiten
aber ein Punct; in dem Drucke des Liedes ist nach jedem
der fünf ersten Verse der einzelnen Strophen ein Strich,
nach dem letzten ein Punct. In Anmerkungen unter dem
Texte haben wir, so weit es in mundartlicher oder
sachlicher Beziehung nötig schien, einige Erläuterungen
beigefügt, welche vielleicht geeignet sein werden, das
Verständnis auch in weitern Kreißen zu erleichtern. Endlich ist am Schluße ein Wörterverzeichnis angehängt,
in welchem möglichst alles, was in cultur- oder orts-
geschichtlicher oder in sprachlicher Hinsicht von einigem
Interesse sein könnte, aufgenommen ward.

Schließlich sei bemerkt, daß wir namentlich in den
Anmerkungen Werke, auf welche wir uns öfter zu be-
rufen hatten, mit abgekürztem Titel anführen; zum Über-
fluße stellen wir diese Abkürzungen, welche wol ohne-
dieß leicht verständlich sind, hier zusammen.

Ben. = Mittelhochdeutsches Wörterbuch mit Benutzung
     des Nachlaßes von G. F. Benecke ausgearbeitet
     von Dr W. Müller und Dr F. Zarncke. Leipzig
     1854 ff., drei Bände.

DMA. = Die Deutschen Mundarten. Eine Monats-
     schrift für Dichtung, Forschung und Kritik. Her-

---

[21]) Nach dem Titel der oben erwähnten niederdeutschen Bearbeitung zu urtheilen, scheint der Urheber derselben eine Ausgabe des
Gedichtes benutzt zu haben, welche in Wien selbst gedruckt und von
der uns bekannten wenigstens in der Überschrift etwas abweichend war.

ausgegeben von Dr G. Karl Frommann. Nürn-
berg 1854—1859, sechs Bände.

Gr. WB. = Deutsches Wörterbuch von Jacob Grimm
und Wilhelm Grimm. Leipzig 1854 ff., so weit
es erschienen ist.

Höfer = Etymologisches Wörterbuch der in Ober-
deutschland, vorzüglich aber in Österreich üblichen
Mundart. Von Mathias Höfer. Linz 1815, drei
Bände.

Schm. = Bayerisches Wörterbuch von J. A. Schmel-
ler. Stuttgart und Tübingen 1827—1837, vier
Bände.

Ein ſchöner Lob-

ſpruch vnd Heyrats Ab-
red zu Wien, vnd in dem Land O-

ſterreich vndter der Enns gebreuchig, Wie man
die Weyber die Zeyt jhres Lebens halten , vnnd
jhnen außwarten ſoll, Damit Sie lang
ſchön bleyben, Vnnd jren Männern nicht abgünſtig
werden.

Mit ſonderm fleiß Reinnweiß
geſtelt vnd gedicht.

Durch Hanſen Weyten-
felder, Sayler vnnd Britſchen-
maiſter inn Oſterreich, ſeßhafft
zu Wolckersdorff.

Gedruckt zů Augſpurg, bey
Michael Manger.

Wie man zalt Fünfftzehnhundert Jar   *Blatt 1 b*
   Vnd drey vnd fibentzig fürwar,
Derfelben zeit kam ich gehn Wien,
   Gedacht wo ich kündt Gelt verdien,
5 Vmb Faßnacht zeit, verfteht mich baß,
   Im felben gleich ain Hochzeit was.
Bald ich daffelbige vernam,
   Schaut das ich zu der Abred kam,
Vnd thet darneben mercken auch,
10   Was man zu Wien helt für ain brauch
In der Hauptftatt in Ofterreich,
   Da man nit bald findt jhres gleich
Mit allen fachen wie man will;
   Vom felben ich yetzt fchweyge ftill.
15 Der Breutgam̄ war ain junger Gfpan,
   Sein Nam der war genaudt Siman,
Vnd Junckfraw Margreth hieß die Braut:
   Nun mercket wie die Abred laut.
Gůt ehrlich Zeugen hett man betten,
20   Ich gedacht ich muß hinzu baß tretten.
Die zwey fetzt man neben einander,
   Ein Herr mit namen Alexander
Der zaigts dem Siman an mit rhů,
   Was jm Margreth werd bringen zů,
25 Zwey hundert Gulden bares Gelt;
   Darnach hat er noch weyter gmeldt,
Das Siman auch erlegen foll

---

5 baß, *beßer, mehr, vgl. Z.* 20; *Schm.* 1, 205, *Gr. WB.* 1, 1163 *ff.*
— 7 bald, *sobald, quum, quando; in demselben Sinne auch V.* 62
und 89; *Schm.* 1, 170. *Gr. WB.* 1, 1081 *ff.* — 15 Gfpan, *Gefürte,*
Geselle, Schm. 3, 567. — 16 Siman *vgl. oben S.* 4. — 17 *Der Name*
Margreth *für die Braut ist wol nur seines häufigen Vorkommens in*
jener Zeit wegen gewühlt, wie man denn auch sagt: Hans mit seiner
Grete u. s. w.; vgl. Schm. 2, 125; *wenn seine Greta fchlegt der Hanns,*
Joh. Olorinus Variscus, Ethographiae Mundi Pars secunda, S. 68. —

Zwey hundert Gulden waiß ich wol,   *Bl. 2 a*
Auch das er zu erlegen hab
  Wol hundert zu der Morgengab,   30
So ferr fie Jungkfraw gfunden wirdt,
  Wie jhr dann daffelb zu gebürt,
Vnd das ers auch in Ehren hab:
  Solch widerleg vnd Morgengab
Bringt Fünff hundert in ainer fummen.   35
  Auch was fie beyde mehr bekummen,
Sey farende Haab, Gůt vnd Gelt,
  Solchs hat er auch mit fleyß gemelt,
Das ers mit halbem theil begab,
  Vnd das man alßdann Hochzeit hab.   40
Darnach wann fie die Hochzeit han,
  Soll er vor gemelter Siman
Gůt acht haben vor allen fachen,
  All wochen jr zwey fchwaißbad machen,
Vngfahrlich auff den Mitwoch eins,   45
  Vñ auff den Sambftag auch ein kleins,
Oder ain Volbad wie fie will,
  Das er jr fetz kein maß noch zil.
Vnd wann fie fitzt inns Bad hinein,
  Das fie verfchen fey mit Wein,   50
Ein weiffen oder rodt darfür,
  Oder ain Kandel mit Trigler Bier.

---

30 Morgengab, *das Gefchenk, welches die Vermählte am Tage
nach der Hochzeit von ihrem Gemahle erhielt;* Grimm, *Deutfche Rechts-
alterth.* 441 *ff. Schm.* 2, 616. — 34 widerleg, *Widerlage, jener Vermögens-
theil, welchen der Mann feinem Weibe im Ehevertrage für ihr mitge-
brachtes Heiratsgut zuficherte;* Grimm *a. a. O.* 430. *Schm.* 2, 453. —
52 Kandel, *Kändel* 319, *eine kleine Kanne, Schm.* 2, 302 *f. Ben.* 1, 786.
Triglerbier, *oder wie es V.* 305 *gefchrieben wird* Trüglerbier, *ist
Bier aus Iglau in Mähren; wir finden den Namen von Iglau in diefer
feltfamen Form, welche wir uns, allerdings fchüchtern, aus einem mis-
verftandenen obliquen Cafus: von der Igla, aus der Igla u. f. w. zu
erklären fuchen, zweimal bei Sigmund von Herberftein, in feiner von*

Zu demfelben thût auch noch not
Ein wol gebâhte fchnitten Brot
55 Mit Saltz, Kümmel oder Aneiß,   *Bl. 2 b*
Durchauß im Bad kein ander fpeyß.
Vnd nach dem Bad foll fie fich laben,
All mal jr fertig Jaufen haben:
Ein Thona Hôchtel, gebachne Strauben,
60   Oder will fie was anders klauben,
Zur abkûlung ein guten Triet,
Bald fie auß bad, das vor jhr fteht,
Oder funsten zwey frifche Eyer,
Ein richtel Kreps, wann zeit da wer,
65 Gebachne Saluey kûchlin darfür,

Th. G. von Karajan· (Fontes rerum austriacarum I, 1) herausgegebenen
Selbstbiographie, und zwar S. 295 Trigla und S. 306 Igla oder Trigla.
In Wien ward das Iglauer Bier beim Mauthause am Tabor ausgeschenkt:
      Nun zeucht die Riemen, gebt die maut,
      Hie khumb wir auff den Tauber ein:
      Findt Triegler bier, gûten wein;
Schmeltzls Lobspr. 98—100. *Das Bier von Iglau war nicht nur von alters*
her berühmt und ward weit verführt, sondern es zählte auch geradezu zu
den besten Bieren von Deutschland und galt als würdiges Geschenk
für Fürsten und Kaiser; vgl. Chr. d'Elvert, Geschichte und Beschrei-
bung der k. Kreis- und Bergstadt Iglau in Mähren, Brünn 1850, S. 184 f.
349; Zeillers Topographia Bohemiae, Moraviae et Silesiae, Frankf. a. M.
1650 S. 99. — 54 bähen, durch Dunst erwärmen, bähen, Schm. 1, 135.
Gr. WB. 1, 1076. Ben. 1, 78. — 58 Jaufen, ein Zwischenmal, ge-
wöhnlich zwischen Mittag- und Abendbrot, aber auch zwischen Früh-
stück und Mittagmal; hier und Z. 128. 137 in ersterem Sinne; Höfer
2, 37 f. Schm. 2, 271. — 59 Strauben, eine Art krauser Mehlspeise,
wozu der Teig durch einen Trichter in die heiße Butter gegoßen wird,
Schm. 3, 676. — 60 klauben, kleinere Dinge, besonders freiliegende,
mit den Fingern einzeln auflesen, Fleisch von den Knochen ablösen
u. s. w. Schm. 2, 350 f. — 61 Triet, le trisenet, sind gebähte Sem-
meln, mit Zucker und Gewürz bestreut und mit rotem Weine über-
goßen; vgl. Schm. 1, 503: triet, panis escharites imbutus vino, Prompt.
von 1618. — 64 ein richtel, ein Gericht, vgl. auch 134; 131 steht da-
für ein eſſen, 116 ein richt. —

Damit das Nachtmal erwarten wür.
Auch foll Siman das auch wol wiſſen,
Zu Winters zeyten ſein gefliſſen,
Wann ſein Haußfraw oder Margreth
   Zu Morgens von dem Beth auffſtebt,   70
Das ſie vor froſt verwaret ſey,
   Soll er durch lieb vnd rechte trew
Nach jrem Vnderhemmat fragen
   Vnd laſſen ſein zum Ofen tragen,
Mit ſampt dem Nachtbeltz wärmen bald,   75
   Das jhr die Mütter nicht erkalt;
Ein bar Pantoffel auch da ſey:
   Diſe bemeldte ſtuckh all drey
Soll man mit fleyß zu allen tagen
   ✶Zu jhrem Beth fein laſſen tragen.   80
Wann aber ſeind die Dirnen auß,
   Das keine nicht da wer zu Hauß,   *Bl. 3 a*
So foll Er ſolches felber than,
   Vnd alle Gſchäfft ſonſt laſſen ſtahn,
Darzu foll er ſein vnuerdroſſen.   85
   Ferrner wurd auch allda beſchloſſen,
Zu auffenthaltung langes Leben
   Soll er jr ein Brantenwein geben

---

76 die Mütter, *vulva*, Schm. 2, 658. Ben. 2, 268. — 81 Dirne,
hier Magd, Dienstmädchen, Höfer 1, 156. Schm. 1, 397 Gr. WB. 2,
1185 *ff.* — 86 ff. *Mit dieſem und den nachſtehenden Verſen mag man
folgende Stelle vergleichen:* wie bey vns frü der Prent weyn, Mal-
maſier, Meth, bald die Morgenſupp, die weret biß auff das mittagmal,
darnach die zech vnd vndertrunck, das abentmal darauff, wider eyn
zěch vond ſchlafftrunck; *Von dem greüwlichen laſter der trunckenhayt,
ſo inn diſen letzten zeytten erſt ſchier mit dē Frantzoſen aufkommen* ....
Sebaſtian Franck (4°. o. O. Dr. u. J.; *die Vorrede datiert: Anno Do-
mini M. D. xxviij*), *Blatt D 4 b.* — 87 auffenthaltung, *Erhaltung,
ſuſtentatio*, Gr. WB. 1, 638. — 88 Branterwein, *hier noch mit flectier-
tem Particip*, vgl. Gr WB. 2, 305; *über Gebrauch und Bereitung des
Brantweins in jenen Zeiten kann man das Weinbuch des Johannes
Raſch, München bei A. Berg* (1582), *Blatt 40 a nachſehen.* —

Zu Morgens balds vom Beth hergeht,

90   Doch das vor neun Vhr nicht aufffteht;

Darnach auch ein gute Frůfuppen,

All tag verwechßlet vnd fein ftuppen,

Wie es jr fchmeckt nach jrem gfallen.

Zu der Suppen foll er jr zalen

95 Ein Wermůt oder Saluey Wein,

Scalpendri, Melis, was mag fein,

Steht zu jrem gfallen entgegen,

Von lufts vnd vbriger Hitz wegén.

Im Summer wann fie fich wolt laben,

100   Morgens ein kalte Suppen haben,

Soll auch diefelb nit anders fein,

Dann Rainfal oder fonst fůß Wein

Mit ghâthen Semblen vnd Triet,

---

92 das Stupp *ist Staub, und was zu Staub fein zerrieben ist; die Speisen* ftuppen *heißt sie mit Pfeffer und anderen Gewürzen aus der Stuppbüchse bestreuen,* Höfer 3, 201. Schm. 3, 604. DMA. 3, 330. — 95 f. *Man kennt die Beliebtheit und den häufigen Gebrauch von Kräuter- und Gewürzweinen, deren hier einige aufgezählt werden, in früheren Zeiten; über* Wermůtwein, *wie man ihn zubereitete und wofür man ihn nützlich glaubte, ist Rasch Weinbuch, Bl.* 38 b—39 b, *über* Salveywein *ebd. Bl. 38 nachzusehen. Auch in dem Verzeichniss der Weinsorten in Leonhard Schertlins: Künstlich trincken. Eyn Dialogus von Künstlichē vnd höflichem, Auch vihischem vnd vnzüchtigem trincken ... Straßburg* 1538, *heißt es Blatt E 1 a:*

... vnd gfewrt wein,

Wermůt, Salbei, die fer gfunt fein. —

96 Scalpendri, *Asplenium scolopendrium* L., *Hirschzunge;* Melis, *Melisse, Melissa officinalis* L.; *beide officinelle Kräuter finden wir hier zu Würzweinen verwant.* — 102 Rainfal, Raifal, *vinum rifolium, eine berühmte Weinsorte von Prosecco im Gebiete von Triest; vgl. Th. G. von Karajans Anm. zu Joh. Tichtels Tagebuch (Fontes rerum austr.* I, 1) S. 17; Schm. 3, 95. *Rasch im Weinbuche Bl.* 48 b *sagt von ihm:*

Der Rainfal ist allweg der best

vor allen fűffen weinen gwest.

Schertlin lobt ihn Bl. E 1 a *unter dem Namen* Reynfeller. — 103 Sembel, *Semmel, ein feines Weißbrödchen,* Höfer 3, 331. Schm. 3, 247 f. Seml, *Schmeltzls Lobspr.* 260. —

Wies felb begert vnd wol verfteht.

Wanns aber früer aufftehn wolt   105
(Darfür fie fich doch hüten folt),
Kein Früftuck noch,nit wer im Hauß,
So fchickt er in die Garkuch auß
Wol vmb ain Flaifch fein in der Brell,   *Bl. 3 b*
Vmb ain Fleckfuppen wie fie wöll,   110
Das fie nit fchwach werd vnd auch mat;
Drumb fchaw er das ain Früftuck hat.
Volgends foll er auch nicht vergeffen,
Vmb zehne mit jhr das Mal effen,
Das dem ftäts volziehung gefchicht,   115
All mal acht oder zehen richt.
Auff das foll er fein wol bedacht
Zum Frümal vnd auch zu der Nacht,
Das fie hab ein guten Speißwein:
Ir trünck follen nit gmeffen fein,   120
Sie wöll fich dann zu gutter maffen
An einer Achtring bnügen laffen.
Im Sommer, waun der tag ift lang,

---

109 Flaifch in der Brell, *geprelltes Fleifch ift leicht und wenig
gekochtes, noch mit vollem Saft.* — 110 Fleckfuppen, *Suppe aus
Fleck, Kuttelflecken, Kaldaunen, Höfer* 1, 229. *Schm.* 1, 584. — 116
richt *vgl. oben zu* 64; *(ein Mal) mit folcher mayfterfchafft zügericht,
das kein richt die andern hinder, noch die gnüg den luft minder
vnd außlöfch; Seb. Franck, a. a. O. Bl. G 2a.* — 122 Die Achtring; ʻdann ein Emer hat vier Viertel, ein Viertel zwey Achtel, oder
Stauffen, ein Stauffen hat fünf Aechtring und ein Seitel; hat alfo ein
Viertel zehen, und eine halbe Aechtring; ein halber Emer aber 21;
ein gantzer Emer 42 Aechtringʻ; *Unter-Oefterreichifcher Land-Com-
paß, Aus welchem Unterfchiedliche fchöne Landes-Bräuche, und Ge-
wohnheiten, auch ein gewiffer Entwurf der Anfchlüge und Schätzungen,
neben anderen Eigenfchafften des Landes, wie felbe bißhero gepflogen
worden, angezeigt werden ... Durch Stephanum Sixtey, Wien* 1749,
S. 47; *dieß galt vom Wein, beim Schmalz hatte der Eimer um zehn
Achtring weniger, ebd. S.* 48. *Das Wort kommt auch in Schmeltzla
Lobfpr.* 270. 272 *vor.* bnügen, gentigen *Gr. WB.* 1, 1475 *f.* —

Das jr wirdt daheymen gar bang,
125 Vnd das Nachtmal nit kundt erwarten,
Spatzier er fein mit jr in Garten,
Dafelbs foll eins dem andern laufen,
Dieweyl bringt Köchin jn ein Jaufen.
Das nicht ein Mal fey wie‿das ander,
130 So fagt jr Redner Alexander:
Ein effen Kreps vnd güte Sängle,
So bleyben fein klar jre wängle;
Vnd wann diefelben Vifch nicht fein,
Ein richtel Grundel fteht auch fein;
135 Ein gfottens Hechtel fteht auch wol,
Koppen vnd Sängl ain Teller vol.   *Bl. 4 a*
Zu folcher Jaufen foll noch fein
Ein abkültes Fläfchlein mit Wein:
Ifts dann gar haiß, fo merck mich wol,
140 Nem̄ man ain groffe Flafchen vol;
Mag auch haben ain Gaft oder zwen,
Darnach fein heim zum Nachtmal gehn.
Vnd wann das hat feinen außgang,
Das jr die weyl nit werd zu lang,
145 Soll fie keines wegs vnderlahn,
Alle Nacht vor ain fchlafftrunck han:
Zwo ftundt derfelbig weren fol,
Biß die Augen werden fchlaffs vol,
So fols der Siman bald verftehn,

---

131 Sängle *und* Z. 136 S'angl, Sängel *in Schmeltzls Lobspr.* 894, *Sangerl, Zankerl, cyprinus aphya L., die kleinste Art Fische, Höfer 3, 313 f Schm. 3, 271.* — 134 Grundel, *Schmerle, Schlammbeißker, cobitis barbatula L., Höfer 1, 329 f. Schm. 2, 115. Ben. 1, 582; das Wort findet sich auch in Schmeltzls Aufzählung der auf dem Wiener Fischmarkte feilgebotenen Fische, Lobspr.* 894. — 136 *die* Koppe, *Kaulkopf, cottus gobio L, ein kleiner Fisch; Höfer 2, 154 f. Schm. 2, 317. In Schmeltzls Lobspr.* 894 — 146 fchlafftrunck, *ein Trunk Weines, welchen man, bevor man zu Bett gieng, einzunehmen pflegte.* —

Vnd freündtlich mit jhr fchlaffen gehn.   150
Soll fich auch halten rechter maffen,
    Wann Er fie will an Arme faffen,
Das Er nit zgrob mit jhr vmbgeh,
    Vnd fie nit fchrey, er thû jr weh,
Solchs foll er felber wol verftehn.   155
    Zu Morgens folls vom Beth nit gehn,
Biß all arbeyt gefchicht im Hauß
    Fein luftig vnd fchôn vberauß.
Zu Winters zeyten ftehts auch fein,
    Ir Stûblein foll einghaitzet fein.   160
Mit Kleyder vnd mit Weyber zier
    Soll er jr kauffen nach gebür,
Fein fauber, das jr wol anfteh,   *Bl. 4 b*
    Vnd fie wie andre Burgerin geh.
Das Gwandt fey gmacht nach jrem willen,   165
    Das fie môg zehen Truhen füllen:
Yetzt auff Bôhmifch, Niderlândifch,
    Nûrnbergerifch oder Spannifch,
Das der Weyber brauch werd gehalten,
    Vnd man fie lob bey jung vnd Allten.   170
Auch foll fie haben zun Hochzeiten,
    Bey Ladfchafft oder fonft bey Leuthen,
Ein guldes Kettlin an Halß hencken,
    Soll jrs jr Mañ der Siman fchencken;
Darzu zwey guldine Armbandt,   175
    Ziert fie wol, ift jm auch kein fchandt.
Im Winter zun groffen Fefttagen
    Soll fie Madrene Schauben tragen;

---

172 Ladfchafft, *ein Fest, Mal, Tanz oder Spiel, wozu Gäste ge-*
laden werden, Schm. 2, 434. — 178 Madren, *adj., von Mader- d. i.*
Marderpelz; die Nebenform mader *neben* marder *findet sich schon im*
mhd. und ahd.; Höfer 2, 227. *Schm.* 2, 550 *f. DMA* 3, 465. 4, 55. *Ben.*
2, 68. *Graff* 2, 858. *Schaube, ein weites und langes Oberkleid, bei dem*
Landvolk ein Weiberrock oder Weiberkittel mit vielen Falten, Höfer 3,
74. *Schm.* 2, 306. —

An fchlächten Feyrtag ftehts auch fchon,
180   Leg fie ein Vehne Kirfchen an:
Ein rauhen Jäncker alle tag,
    Wann ers nur ein wenig vermag.
Im Sommer trags von wegen fpotten
    Ein Harfen, Taffeten, Schamlotten;
185 Das fonft mit allem Kleidt darbey
    Gar zierlich wol verfehen fey.
Wann fich aber begeb die ftundt,
    Das von wollufts wegen vnd Gefund
Gen Månrsdorff vnd Baden wolt faren,
190 Da foll man auch kein Gelt nit fparen,   *Bl. 5 a*
    Das fie hab ein verhenckten Wagen,
Man nutzt jn auch zu den Kirchtagen,
    Zu frewd vnd Hochzeit, zu Panckeſen ;
Auch noch zum Wagen thůt von nöten

---

180 Veh, vehen *und* vehn, *mhd.* vêch, *adj.*, *farbig, befonders vielfarbig, bunt, vorzüglich von Pelzwerk gebraucht,* Schm. 1, 518. Ben. 3, 285. *die* Kirfchen, *die* kurfen, kürfen, kürfchen, *ein Kleid von Rauh- und Pelzwerk,* Schm. 2, 332 *f.* Ben. 1, 916. — 181 raub, *adj., von Pelzwerk,* Schm. 3, 75 *ff.* der Jäncker, Janker, *kurzes Oberkleid, Jacke,* Höfer 2, 36. Schm. 2, 270. DMA. 3, 394. — 184 harfen, *adj., von* Har, Flachs, *vgl. zu* 234 ; fchamlotten , *adj., von* Camelot, Schm. 3, 361. — 189 Månrsdorff, Mannersdorf, *ein Flecken im Viertel unter dem Wienerwalde Niederöſterreichs, am Leitagebirge, drei Meilen von Wien gelegen, galt als leicht löſendes Bad und als beſonders empfehlenswert bei hyſteriſchen Zuſtänden und Frauenkrankheiten aller Art; vgl. Gründliche Beſchreibung Des Wild-Bads zu Månnersdorff An dem Leytaberg in Oeſterreich unter der Ennß, Worinnen deſſen Ingredientien nach gut Phyſicaliſch- und Chymiſchen Grund-Regeln unterſuchet, vnd die daraus entſpringende Würckung nebſt der Arth zu gebrauchen klar an Tag gegeben wird Von* Philippo Floriano Prosky, *Wien* 1734; *Abhandlung von den heilſamſten Kräften und Wirkung, dann Gebrauch des Mannersdorfer Bades Verfaſſet von* J. M. Schoſulan, *Wien* 1783. Baden *iſt der bekannte Badeort , fünf Stunden südlich von Wien ; eine Abbildung in* G. M. Viſchers *Topographia Archiducatus Inferioris, Wien* 1672 (Viertel u. d. W. W. Tafel 14) *zeigt uns das innere des Herzogsbades zu Baden im 17ten Jahrhundert, wo es allerdings ungeniert und primitiv genug zugieng. —*

Zwey fchöne gleiche gfarbte Roß,   195
  Wies offt ein Herr hat auff feim fchloß.
Wann fie dann will gehn Baden hinauß,
  Soll er betrachten fein zu Hauß,
Das fie mit nimpt vnd nicht darff warten,
  Ir Betbgwandt vnd zwcy dutzet Karten,   200
Sechs aimer Wein, vier aimer Bier,
  Ein groffe Flafch mit Maluafier,
Ein Lägel Wibacher, Rainfal darbey,
  Hundert Pomrantzen, all Specerey:
Was fonft mehr abgeht, fchickt man nauß.   205
  Siman foll auch mit baden drauß;

---

202 Maluafier *war von altersher auch in Österreich berühmt;
Rasch im Weinbuch Bl.* 48 b *sagt von ihm:*

    Ein Malmafier, der edelft wein,
    Kündt ftärker nit, noch beffer fein;
    Der gibt mit feiner aigenfchafft
    Den gfunden freud, den krancken krafft.

Der Maluafier *fteht auch in dem Weinverzeichniffe bei Schertlin, Bl.
E* 1 *a.* — 203 *das* Lägel, *ein kleines Füßchen, Höfer* 2, 190. *Schm.* 2,
447 *f. DMA.* 2, 186. 6, 435. *Ben.* 1, 929. Wibacher *war ein viel-
berühmter füßer Wein, der bei* Wibach *oder* Wippach, *einem ehemals
den Herberfteinern gehörigen Dorfe am Karft, gebaut ward.* In jetzt
gemeldtem Wipacher Bodem und auf dem Karft giebts die allertreff-
lichften Weine von unterfchiedlicher Gattung und in mächtig-groffer
Quantität: unter welchem die roten mancherley Namen führen; ....
Die Weiffen feynd gleichfalls in mancherley Sorten unterfchieden: als
da find der Wipacher, welchen die Autores den Kinder-Macher nennen, weil er alle Glieder kräfftiglich erwarmt; *Valvafor, Ehre Deß
Hertzogthums Crain, Laybach* 1699, I, 270. Die Gegend herum *(um
Wippach)* ist überaus fruchtbar und gut; und wächft hier der, von vie-
len Gefchichtfchreibern fo offt-berührte und berühmte Wippacher
Wein, den fie insgemein den Kindermacher nennen; *Ebd* III, 2, 653.
In Rafchens Weinb. Bl. 48 b *heißt es von diefer Weinforte:*

    Der Widpacher wird auch gepreift,
    Der eim mit ftärck ein tuck beweift. —

Ein Dirne die jhr dauß thût kochen,
Vnd aine zum außfchicken d Wochen.
Auch foll jr zu gelaffen weren
210 Johannes Colman, hat fie geren.
Mann foll jhr auch nit fetzen zil,
Wie lang fie bleyben vnd baden will.
Vor tâglich Marckt gehn foll fichs hûten,
Vor fewr, kochen, rath ich in gûten.
215 Ift im Sommer ain warmer tag,
An hohen Marckt fie wol gehn mag,
Zu fchawen mit luft die grûnen Linden,   *Bl. 5 b*
Oder möcht dort Feyle Fifchl finden:
Wann fie daffelb befuchen wolt,
220 Siman jr das erlauben folt.
Wañ jr Gfindt thût wafchen vnd reyben,
Soll er dabeym mit jr nit bleyben,

---

207 dauß, *bei Schmeltzls Lobspr.* 323 daus, *da außen, draußen,
Gr. WB.* 2, 856. — 209 *f. Raro mulier est uno contenta viro. Nobiles
ubi ad cives veniunt, uxores eorum ad colloquium secretum trahunt:
viri allato vino domo abeunt ceduntque nobilibus; so medisiert Aeneas
Sylvius von den Wiener Damen seiner Zeit in seinem bekannten Briefe
über Wien und die Wiener: Aeneae Sylvii Opera, Basileae 1551, pag.
719. — 216 f. Die Linden auf dem Hohen Markte stunden vor der
alten Schranne, und waren ein Erholungsort der Wiener älterer Zeit;
man sieht sie, meist zwei an der Zahl, auf den meisten alten Plänen
und Prospecten von Wien und auf Abbildungen des Hohen Marktes aus
jenen Tagen: vgl. alte Topographie des Hohenmarktes in Schlagers
Wiener Skizzen, Erste Reihe, S. 235—252. In der Nähe dieser Linden war der Markt für Fische, Schlager a. a. O. S. 248 f.; darnach
scheint ein Theil des Hohen Marktes den Namen Fischmarkt geführt
zu haben, wie wir aus Schmeltzls Worten, Lobspr. 903—907, schließen:*

> ....auch fónf groffer linden
> Stehn an dem Fifchmarckt, gronen fchon:
> Manch menfch da fichst im fchatten ftohn,
> Von der hitz faul, da wirt es ftarck.
> Nachmals kham ich an Hohenmarckt. —

Mit fampt jr einen gang fürnemen,
   Soll fie dieweyl ins Hauß nit kemen,
Oder zu Gaft fonft Effen auß,   225
   Biß folchs als ift verricht im Hauß.
Sie hůt fich auch vor nähn vnd fpinnen,
   Dauon die flüß dem Gficht zurinnen;
Kem aber jr ein fchlaff entgegen
   Im Sommer, alfo von lufts wegen   230
Laß fie jr her tragen das Mädel
   Ein Augfpurgerifches Spinnrädel,
Ein gdrähten Rocken fertig gar,
   Anglegt mit eim Goldwerter Haar:
Solches mag jr werden vergundt   235
   Nit lenger denn ein viertel ftundt.
Auch foll jr fein erlaubet eben
   Mit einkauffen vnd mit außgeben
Wie fie will, fey Speyß oder Wein,
   Soll fie kein raittung fchuldig fein.   240
Vnd da er Siman in der Wochen
   Wolt auff ein Gaft, zwen laffen kochen,
Solls jm auch zu gelaffen weren,
   So ferr fie die Geft auch hat geren;   *Bl. 6 a*
Doch das mans jr am erften fag   245
   Zuuor ein, zwen oder drey tag,
Das fie etwas zurichten mag,

---

224 kemen, *die mundartliche Form für* kommen, *Schm.* 2, 296.
DMA. 3, 116. 125; khemen, *Schmeltzls Lobspr.* 284. — 231 Mädel,
Dienerin, Dienstmagd, Schm. 2, 558 *f., wie oben Z.* 82 *und* 207 Dirne.
— 234 der Haar, *bei Schmeltzl Lobspr.* 932 har, *mhd.* har, *der*
Flachs, Höfer 2, 3. *Schm.* 2, 224 *f. DMA.* 2, 516. *Ben.* 1, 633. *Unter*
Goldwerter Haar *scheint Flachs von Goldwörth, einem Dorfe im Mühl-*
kreiße Oberösterreichs, zu verstehen zu sein. — 240 die raittung, *Rech-*
nung, von raiten, *rechnen, Höfer* 3, 9 *f.* S_c hm. 3, 153 *ff. DMA.* 5, 255.
6, 97. 194. —

Vnd man jr kein böß lob nach ſag.

Wann ſie zum Tiſch nit kem bereyt,

250 Heb man jr auff ein gutten bſcheydt;

Bleybts in der Kuchen, ſchaffts auffs beſt,

Damit ſie loben die gladne Geſt.

Das aber ſtäht die kühnlich Lieb

Nicht wancke oder werde trüb,

255 Soll der Siman mercken gar wol,

Das er mit jr nicht eyfern ſoll,

Mit worten, wercken ſolls nit gſchehen;

Wann ſies gleich alſo ließ anſehen,

So ſoll ers alſo laſſen walten,

260 Zucht, Ehr vnd keuſchheyt von jr halten.

Er ſoll kein Gätter ſolcher maſſen

Vor dem Fenſter nicht machen laſſen

(Dardurch auch kan ein Eyfer gſchehen),

Auff das ſie hab jr frey außſehen,

265 Was die Leüt auff der Gaſſen thon,

Ohn allen böſen argen wohn.

Vnd wann es wer vmb Winters zeyt,

Das ein gutten Schnee hett geſchneyt,

Soll er ſie laſſen im Schlitten faren,

270 Vnd alle mal den Eyfer ſparen,   *Bl. 6 b*

Es ſey bey Nacht oder bey Tag,

Mit Mann vnd Weiben wie ſie mag,

Das ſie alſo die zeyt vertreybt,

Vber das Breinglöcklin nit außbleibt,

275 Das leüt man Morgens gen dem Tag,

---

256 eyfern, *eiferſüchtig ſein und unten Z. 263 und 270 der Eyfer, die Eiferſucht; Schm. 1, 32 f. Gr. WB. 3, 87 ff. 90. — 261 das Gatter, Gatter, Gitter, Hüfer 1, 275 f. Schm. 2, 80 f. Ben. 1, 489. — 274 f. das Breinglöcklin, Primglöcklein, ward zur Prim oder Preim (Schm. 1, 343) geläutet; ſpäter galt als Sage, es werde zum Andenken an eine ehemals in Wien herſchende Seuche, die Bräune, gezogen.*

So ferr fie fo lang faren mag.

Was jr nicht gfelt, das foll er maffen,

   Mit worten fie vngfexiert laffen,

Wie dañ ain Mañ von feim Weib waiß,

   Manche felt vor zorn in die fraiß.   280

Wann Gott fchickt fein fegen herein,

   Das die Margreth foll fchwanger fein,

Soll Er acht haben jhr Siman,

   Kein harten tritt fie laffen than,

Nicht hoch ftigen fteygen, noch fchwer heben,   285

   Auff das das Kind nit koṁ vmbs leben.

Wann die zeyt der Geburt nun kompt,

   Soll Ers zuuor als haben gfrümpft,

Soll auch wiffen die Raittung wol,

   Wann fie gwiß niderkommen foll,   290

Darnach mit fleiß auffmercken eben,

   Ein feins rühwigs Stüblein eingeben,

Ein fchöne Fladerne Bethftadt,

   Vnd alle fach fein in Vorrath,

Ein fchön grün Taffeten Fürhang.   295

   Vnd das jr werd die weyl nit lang,

Stell er jr etlich Weiber zu,

     Das preimglöcklein darin *(im Stephansthurm)* auch hecht,

     Ehe dann man zu fingen anfecht

     Täglichen frue vnd vefperzeit,

     Wirt eß ein gantze ftundt geleut;

Schmeltzls Lobfpr. 411—414; *vgl. auch Curiofitäten- und Memorabilien-Lexicon von Wien, von Realis. herausgegeben von Anton Köhler, Wien* 1846, *Band* 2, *S.* 260. — 277 maffen, fich maßen, *fich müßigen, fich enthalten,* Schm. 2, 626. — 280 die fraiß, *heftiger krampfhafter Zuftand; die* Mutterfrais, *convulfiones hyftericae,* Höfer 1, 239. Schm. 1, 617. *DMA.* 3, 191. — 288 gfrümpt, *part. von frümen, voraus beftellen,* beftellen, *machen laßen,* Schm. 1, 612 f. *DMA.* 5, 335. — 293 Fladern, *adj., von Flader- oder Maferholz,* Schm. 1, 585. *Ben.* 3, 334. *DMA.* 5, 231. —

Das man jr bey leyb nicht weh thû.
Koppaun vnd Hûner zwo fteigen vol,
300 Zwölff Achtel fchmaltz fie haben foll,
Ein fchachtl mit Gwûrtz, drey Zuckerhût,
Solls als fein willig thon mit gût ;
Ein achtzehn Aimrigs Faß mit Wein,
Des beften, foll kein fchlechter fein,
305 Vier aimer Trûglerbier, wanns will,
Doch das fie deß nit trünck zuuil.
Vnd wann fie kompt ins Kindbett ein,
Soll jm Siman verbotten fein,
Vber Feld nicht zu Raifen auß,
310 Die fechs Wochen bleiben zu Hauß,
Wann jhr dann thon die Lenden wehe,
Das Er jrs reyb vnd zu jr gehe.
Vnd was belanget die Hebammen,
Kindtswarterin vnd alles fammen,
315 Soll Er derfelben keine ftraffen,
Nur fie allein mit laffen fchaffen.
Auch wann fie glücklich niederkûmpt,
Soll er beym Goldfchmid haben gfrûmpt
Ein filbrne Gûrtel, ain vergulds Kâudel,
320 Oder ein guldes bar Armbândel,
Auß frewden jhr folches verehren,
Wie Er es ficht von andern Herren.
Zwo Schüffel vol Confect folls haben,
Wanns fchwach wirdt, fo kan fie fich laben;
325 Zwey Marcipan vnd folche fachen,

---

299 die fteige, *Gitter aus Stäben oder Latten, womit z. B. der
Hühnerstall von dem Futtertroge abgesondert wird, dann der Stall für
Hühner und anderes Feder- oder Kleinvieh selbst, Schm. 3, 624. —
300 das Achtel, vgl. oben zu* 122. — *315 ftraffen, tadeln, zurechtwei-
sen, Schm.* 3, 682 f. — *325 f. Bekanntlich wurden in früherer Zeit
eingemachte Früchte, Confect und ähnliche Dinge, welche jetzt dem*

Soll man in der Apodeck machen.
Auch foll er noch verfaffet fein
    Mit einem fûffen Welfchen Wein;
    Das fie nit eß was jr thût fchaden.
Vnd zu der Kindstauff foll er laden   330
Vil Erbarlicher feiner Frawen;
    Er foll auch felber zu jhn fchawen,
    Wein aufftragen, die Weyber trôften,
Man legts jm fonften auß zum bôften.
Vnd auch auß der Stuben nit gehe,   335
    Das jr die Mûtter nicht auffftehe;
Schwitzbad foll er jr auch ankochen,
    Er folls felbs reyben in fechs Wochen.
Wann die fechs Wochen gar auß fein,
    So fchaw er mehr vmb fpeiß vnd Wein,   340
Vnd richt ein ehrlich Malzeit an
    (Er muß feins Beüttels nicht verfchon),
Mit Wildprât, Vôgel vnd mit Vifchen,
    Ohn gefahrlich zu zweyen Tifchen:
Da follens alle frôlich fein.   345
    Soll mit jr nicht zancken vnd grein,
Alßdann heylet wider jr Bauch,
    Vnd wirt gefterckt der Weiber brauch.
Wann die Malzeit vollendt ift gantz,
    Soll fie haben ain fchônen Krantz,   350
Den foll fie jrem Siman fchencken.
    Er foll auch jr im beften dencken,   *Bl. 8 a*
Vnd fie in zûchten vnd in Ehren
    Bey jm zu fchlaffen wider begeren,

Zuckerbâcker anheim fallen, in der Apotheke bereitet. — 327 verfaffet
fein mit etwas, *damit verfehen fein, Schm.* 1, 569 *f.* — 341 ehrlich,
herrlich, prâchtig, Gr. WB. 3, 69 *ff. Ben.* 1, 445. — 346 grein, greinen, *unten* 400 greündt *gefchrieben, fchmähen, ausfchellten, einen Ver-
weis geben, Höfer* 1, 320 *f. Schm.* 2, 111 *f. Ben.* 1, 576. —

355 Auffs aller freündtlichft mit jr fpůgen.

    Kein Kindt foll fie felber nit fågen:

    Soll vmb ain ftarcke Kindtsam̃ fehen

    (Es mócht jm funft gar bóßlich gfchchen),

    Das die Am̃ fauber fey am Leyb,

360   Damit das Kindt fein gefund bleyb.

    Auch foll der Siman fchaffen fein,

    Das die Am̃ hab gut Speiß vnd wein,

    Soll fie auch nicht erziirnen fehr,

    Damit das Kindlein nit kranck wer:

365 Sie foll nit wafchen, fegen, reyben,

    Ein Am̃ foll bey dem Kind fein bleyben.

    Alfo waift jetzt ein jeder wol,

    Wie er fein Weyb recht halten fol.

    Vnd wann dann eines folt abfterben,

370   Das Gůt, das fie beyde erwerben,

    Sey das vberbleybend gefliffen,

    Es werd daffelb wol ztheylen wiffen,

    Wies die Weyber hon gern zu Wien.

    Er fols nicht laffen lang anftchn,

375 So ferr jms gfellig ift in dem,

    Das er fein aigne Kóchin nem,

    Oder wo funft fein will hinfteht.

    Vberlebt jn aber Margreth

---

355 fpågen, *reden, sprechen,* vgl. spächten, *Schm.* 3, 555. —
356 fågen, *säugen, lactare.* — 369 *ff.* Lex apud eos est, quae super-
viventi coniugi partem defuncti bonorum mediam tribuit. Testamenta
libera sunt: ita et viri uxoribus et uxores viris bona testantur; *Aeneae
Sylvii Opera, Basileae* 1551, *p.* 719. — 378 *ff. Es ist von Interesse, auch
mit diesen Versen eine Stelle in dem mehr erwähnten Briefe des Aeneas
Sylvius über Wien (a. a. O. pag.* 719) *zu vergleichen:* Viduae intra
tempora luctus ex arbitro suo nubunt. Pauci in civitate sunt, quorum
proavos vicinia norit: rarae familiae vetustae, advenae aut inquilini
fere omnes. Mercatores divites senio confecti puellas in matrimonium

Irn Haußwirt Siman frumb vnd fchlecht, *Bl. 8 b*

  Mag fie auch nemen jren Knecht, 380

Den fchreiber, der auffs gwölb hat gfchaut,

  Dems all handtierung hat vertraut:

Vnd fie jn hat ein ainigs Jar,

  So richts jn auch ab gantz vnd gar,

Das er dem Siman gleicht, waiß wol, 385

  Wie Er ain Weyb fchön halten foll.

Ich waiß, wann einer fein Weyb fo helt,

  Das er fie ain lang zeit fchön behelt.

Yetzt bitt ich all Frawen vnd Man,

  Ir werd mirs nicht für vbel han, 390

Was ich yetzund gereimet hab:

  Ich kam eins mals gehn Wien hinab,

Da fagt mir ainer dife Gfchicht,

  Drumb hab ich difen Reim gedicht.

Hett ichs alfo mit meiner tryben, 395

  Sie wer mir lenger fchön belyben.

Hab offt von böfen Weybern gfagt,

  So habens dann wider mich klagt,

Wie das ich fey ein Weyber feindt,

  Haben mit mir gezanckt vnd greündt. 400

Ich gedacht es wirdt nit gut weren,

  Vnd thet derhalben widerkeren:

Hab jn drumb difen Lobfpruch gmacht,

  Vnd fchenck jn den zu gutter Nacht. 404

ENDE.

---

ducunt, easque brevi dimittunt viduas: illae inter familiares domesti-
cos, cum quibus saepe consuetudinem adulterii habuerunt, iuvenes
viros accipiunt; ita qui heri pauper, hodie dives invenitur. *Eine
alte Ueberfetzung des Briefes findet fich in den Beiträgen zur Sitten-
gefchichte des Mittelalters von Fr. Gasser, Wien 1790, S. 1—10. —*
402 widerkeren, *umkehren, vergüten, gut machen, fich befern.*

Ein hüpfch news

Liedt, wie man den böfen
Weybern vnd Meyden die
Klapperfucht vertreibet.

Im Thon:

Venus du vnd dein Kindt, feind
alle beyde blindt, ɔc.

Durch:

Hanfen Weyttenfelder,

Sayler vnd Britfchenmaifter,
Seßhafft zu Wolckersdorff.

———

1

EIns mals gen Lintz ich kam,
Hört was ich mir fürnam
Am Oftermarckt, ich fage:
Thet etlich dorten frage,
Wie man den böfen Weyben
Die Klapperfucht möcht treyben.

2

Ein Artzt den bat ich eben
Mir ein Recept zugeben,
Das die Faulkeit vnd fchnadern
Vnd das vnnütze dadern
Bei jnen auß möcht bleyben,
Wie ich es kündt vertreyben.

———

Strophe 1, Zeile 6 Klapperfucht, *Schwatzsucht, Zanksucht;* klappern, *schnell und eintönig reden,* DMA. 2, 464; die Klapper, *ein geschwätziges Weib, ebd.* 6, 296. — *Str. 2, Z. 3* fchnadern, *schnattern, plappern, schwätzen, Schm.* 3, 497. DMA. 2, 464. 3, 299. 4, 188. — *St. 2, Z. 4* dadern, *dattern, tattern, schnell und albern schwatzen, Schm.* 1, 462. *Gr. WB.* 2, 671. 828 *f.* DMA. 4, 188. —

3

Ein Artzt gieng zu mir her,
Gab`mir ein trewe Lehr,
Sprach: wilt du von den Weyben
Die Klapperſucht vertreyben,
So nimb allmal zuſamen
Die dreyſſig Stuck mit namen.

4

Scheytkraut, Garten Salat,
Vnd Bengeſuppen ſpat,   *Bl. 2 b*
Auch Brůgelbrůe darbeye,
Vnd nimb ſchôn Gabelreye
Vnd gelben Steckenpfeffer,
Sey dann der Kunſt ein treffer.

5

Nimb veſte Schlegelkuchen,
Fůßmilch machſt auch verſuchen,
Fauſtôpffel vier Pfund ſchwere,
Nimb Ellenbogen Schmere,

Str. 4, *Z.* 2 Bengelſuppen; der Bengel, *Stock, Knilttel zum Schlagen, Schm.* 1, 182. *Gr. WB.* 1, 1471 *f.* — *Str.* 4, *Z.* 4 nimb ein
ſchône Gabelreye, *die Bedeutung scheint zu sein: nimm einen schönen,
tüchtigen Schwung mit der Gabel, d. i. Ofen- oder Mistgabel; die Reib,
Reiben, Schm.* 3, 7 *und die Reiden, Höfer* 3, 29, *Schm.* 3, 54. *DMA.*
5, 255. 6, 195 *bedeutet eine geschickte Wendung mit dem Wagen, um
umzukehren. Uebrigens ist Gabelreye ein Wortspiel mit* Galrei, *Galerte:*
Galrey, *Frisch, Teutsch-lat. Wörterb.* 1, 315 *a.* Galrey, Galreig, *Dief-
fenbach, Glossarium latino-germ. pag.* 254 *b. das* Gallret *Schm.* 2, 30.
galrei, galreide, *Ben.* 1, 460. *Deshalb liest auch J. Sommer (vgl. oben
Einl. Anm.* 15) *geradezu* Gaber Gallrey. — *Str.* 5, *Z.* 2 Fůßmilch,
abermals ein Wortspiel mit dem in Österreich sehr gebräuchlichen
müllen, *stampfen, zerstampfen, stark schlagen, stoßen, Schm.* 2, 569.
572. *DMA.* 2, 91. 3, 69. 4, 46; Fůßmilch *wäre also ein Fußstoß.* —

Vnd auch Beerwein mit namen,
Die Stuck ghóren zufamen.

6

Mit fünff Finger an zwirs,
Ir all tag fein auff fchmirs
Am Leyb durch alle ende,
Am Kopff, Schenckel vnd Lende,
Biß der blaw Schwaiß hertringe,
Damit die Kranckheit zwinge.

7

Wanns noch nit helffen will,
So nimb ein Befenftill,
Ein Gaifelftab kein kleine,
Darnach ein Selfelbeine,
Thů all jhr Glider falben
Am Leib fein allenthalben.

Rl. 3 a

8

Will das auch helffen nicht,
In dem ich mehr bericht,
So folt du zu den fachen
Noch ein Purgatzen machen,
Den Mayden vnd den Weyben
Die Klapperfucht zutreyben.

9

Erftlich Hungerkraut nimb,
Mit Mangelkraut zuftimb,

Str. 5, *Z.* 5 Beerwein, *ein Wortspiel zwischen die* Beere, *namentlich* Weinbeere, *Schm.* 1. 190. *Gr. WB.* 1, 1243 *f. und dem Verbum* bern, beren, *stoßen, schlagen, prügeln, Schm.* 1, 187. *Gr. WB.* 1, 1501 *f. Ben.* 1, 143 *f.* — *Str.* 6, *Z.* 1 anzwiren, anzweren, zweren, *anrühren, umrühren, anmischen, namentlich eine Flüßigkeit, Schm.* 4, 403. *Gr. WB.* 1, 532. — *Str.* 6, *Z.* 5 Schwaiß, Schweiß, Blut, Schm. 3, 550. — *Str.* 8, *Z.* 4 die Purgatz, purgantia, Abführmittel. —

Von grobem hertem Brote
Gib jr all tag vier Lote,
Vnd Brunnenſafft muſt haben,
Wanns kranck wirdt, kanſts mit laben.

10

Mit ſolcher ſach purgier
Ein Monat oder vier,
Biß die Faulkeit vnd ſchnadren
Vnd das vnnůtze dadren
Sich nit bey jr noch mere,
Probiers offt, iſt mein Lehre.

Bl. 3 b

11

Wanns als nicht helffen will,
Komb zu mir in der ſtill,
So dicht ich mehr ein Kunſte;
Sein die Purgatzen vmb ſunſte,
Wills anders Brůgelieren,
Obs hulff das Weyb vnd Dieren.

12

Wills noch nicht abelohn,
So laß du nicht daruon,
Nimb vngebrenten Aſchen,
Mit dem kanſt ſie fein waſchen,
Vnd vngeſpalten Raiffe,
Iſt beſſer dann ein Saiffe.

13

Windt dein Hånd vmb jr Haar,
Vnd ziechs in d Stuben dar,
Kehr alle Zymmer aufe,
So haſt ein raines Haufe:

Str. 11, Z. 5 Brůgelieren, *ein Wortspiel zu* purgieren *oben* 10, 1.
— *Str.* 12, *Z.* 3 der Aſchen *mundartlich und in der ålteren Sprache*
masculinum, Schm. 1, 122 *f.* Ben. 1, 65. —

Mein Weyb hats wol erfaren,
In jren jungen Jaren.

14

Doch reybs nit gar auffs Leben;

Bl. 4 a

Will fie vmb das nichts geben,
Brauch alle ftuck fein zwire,
Hack jhr ab alle viere,
Vnd laß fie darnach lauffen,
Magft wol die ftûmpff verkauffen.

Fromb Mann, brauch du die ftuck alle gar,
Hilfft der gar keins, red ich nit war.
Probatum eft.

Getruckt zů Augfpurg
bey Michael Manger.

Str. 14, *Z.* 3 zwire, *zweimal, zweifach, Schm.* 4, 307 *f.* —

WÖRTERVERZEICHNIS

Die mit einem Sternchen versehenen Wörter sind in den Anmerkungen erklärt; cursiv gedruckt sind die in dem Liede vorkommenden Wörter.

Abred *f.* 8. 18.
abrichten *v.* 384.
*Achtel *n.* 300.
*Achtring *f.* 122.
Alexander 22. 130.
ankochen *v.* 337.
*anzwiren 6, 1.
Apodeck *f.* 326.
Armbandt *n.* 175.
Armbändel *n.* 320.
*Aschen *m.* 12, 3.
*Auffenthaltung *f.* 87.
Augspurgerisches Spinnrädel 232.

*Baden 189. 197.
*bähen *v.* 54. 103.
*bald 7. 62. 89.—12. 75. 149.
*baß 5. 20.
*Beerwein *m.* 5, 5.
*Bengelsuppen *f.* 4, 2.
*benügen 122.
Befcheydt *m.* 250.
Böhmisch Gwandt 167.
*Branterwein *m.* 88.
*Breinglöcklin *n.* 274.
*Brell *f.* 109.
*Brügelieren *v.* 11, 5.

Confect *n.* 323.

*Dadern *v.* 2, 4. 10, 4.
*dauß 207.
dichten *v.* 394. — dichten 11, 3.
*Dirne *f.* 81. 207. — Dieren 11, 6.
Dutzet *n.* 200.

*Ehrlich *adj.* 341.
*Eyfer *m.* 263. 270.
*eyfern *v.* 256.

*Fladerne Bethstadt 293.
*Flecksuppe *f.* 110.
*Fraiß *f.* 280.
*frümen *v.* 288. 318.
Frilmal *n.* 118.
Früstuck *n.* 107. 112.
Früsuppe *f.* 91.
*Füßmilch *f.* 5, 2.

*Gabelreye *f.* 4, 4.
Garkuch *f.* 108.
*Gätter *n.* 261.
gebn *praep.* 3. 196. gen 275.
*Gespan *m.* 15.
Gewölb *n.* 381.
*Goldwerter Haar 234.
*greinen *v.* 346. greündt 400.
*Grundel *f.* 134.
gulden *adj.* 173. 320. guldin 175.

*Haar *m.* 234.
*Harsen *adj.* 184.
han *v.* 41. 146. 390. hon 373.
Handtierung *f.* 382.
Hechtel *n.* 135. Thona Höchtel 59.
*Hoher Marckt 216.

*Jäncker *m.* 181.
*Jausen *f.* 58. 128. 137.
yetzund 391.
Johannes Colman 210.

*Kandel *n.* 52. Kändel 319.
Karten *f.* 200.
*kemen *v.* 224.
Kindtstauff *f.* 330.
Kirchtag *m.* 192.
*Kirsche *f.* 180.
*Klappersucht *f.* 1, 6. 3, 4. 8, 6.
*klauben *n.* 60.
Koppaun *m.* 299.
*Koppe *f.* 136.

*Ladschafft *f.* 172.
*Lägel *n.* 203.
lausen *v.* 127.
Lobspruch *m.* 403.
Lot *n.* 9, 4.

*Mädel *n.* 231.
*Madrene Schauben 178.
*Maluasier *m.* 202.
*Mänrsdorff 189.
Marcipan *m.* 325.
*Margreth 17. 69 282. 378.
*maßen *v.* 277.
*Melis *f.* 96.

DRUCK VON JACOB & HOLZHAUSEN